GUGU LIBERATO

SOU PAI, E AGORA?

Minha experiência ao ser pai pela primeira vez

Título Original: Sou Pai, e Agora?
Copyright © Augusto Liberato, 2003
Licença Editorial para a Editora Nova Cultural Ltda.
Todos os direitos reservados.

Editora e Publisher: Janice Flórido

Editores: Eliel Silveira Cunha, Fernanda Cardoso

Editoras de Arte: Ana Suely S. Dobón, Mônica Maldonado

Revisão: Dirce Y. Yamamoto, Frank de Oliveira, Ubirajara I. Cará

Projeto de Arte e Diagramação: M. N. Editorial

Foto da Capa: Chico Audi

Consultores
'Ginecologista e Obstetra: Walter Oda – CRM 18692
Pediatra: Stefanos Parakevas Lazarou – CRM 78166
Psicóloga: Evelyn Prysant – CRP 06/2732-2

Coordenação de Beto Junqueira

Beto Junqueira é Alberto Júlio Junqueira Guimarães Araújo.
Cria e coordena projetos editoriais.

EDITORA NOVA CULTURAL LTDA.
Direitos exclusivos da edição em língua portuguesa adquiridos
por editora Nova Cultural Ltda.

EDITORA BEST SELLER
Rua Paes Leme, 524 – 10º andar
CEP 05424-010 – São Paulo – SP

2003

Impressão e acabamento: RR Donnelley América Latina. Tel.: (55 11) 4166-3500

— PARTE 1 —

DE PAI PARA FILHO

PREFÁCIO

VRUUUMMM!

Foi como se um avião tivesse sobrevoado a minha casa a baixa altitude. Acordei assustado e quase entrei em pânico. Mas logo me vi sentado na poltrona sob as folhas de um jornal. O sono fez sua rendição: levantei-me e comecei a procurar de onde vinha aquele som. Meu Deus, as turbinas daquele avião pareciam estar dentro da minha sala.

E estavam. Ou melhor, estava.

Era uma turbina. Sobre ela, o comandante daquela barulheira bradava palavras de ordem, ligava e desligava o motor do seu avião. Na verdade, ele, vitorioso, estava a bordo do seu imbatível jato, do seu poderoso aspirador de pó!

Aquele comandante revolucionário olhou para mim, apontou a mangueira, desferiu um jato de ar no meu rosto e sorriu. Foi o tiro de misericórdia. Eu, mais acordado do que nunca, também sorri.

Diante de mim estava o comandante que agora pilotava minha vida. O comandante que me fez esquecer o que significava solidão. Esse comandante seria muito mais do que o nome do capítulo de abertura de meu primeiro livro. Seria a minha razão de ser.

Seu nome... João Augusto, meu filho.

Ao olhar para seus intensos olhos azuis, fui hipnotizado e viajei no tempo, como se acabasse de ser convocado para fazer um balanço de como aquele menino, sobre seu aspirador de pó, conseguira transformar minha vida, virando-a de ponta-cabeça. Relembrei então as dúvidas que me cercaram antes de decidir ter um filho. Depois, transformei minha vida numa contagem regressiva até o nascimento do João. Relembrei também os momentos de pânico e a aflição que vivi durante a gestação da Rose.

Muitas emoções me levaram a escrever este livro. E descobri que ter um filho é a maior delas, que temos de aproveitar cada segundo ao lado dele. E fazer de todos os acontecimentos uma grande alegria.

Mais do que contar sobre meu filho, decidi escrever este livro para transmitir esta minha experiência e mostrar como um filho faz tanta diferença na vida de uma pessoa. Mas vamos à contagem regressiva, desde quando tudo começou...

10,

Decisão: e agora?

tenção, gente! Vocês não podem imaginar que história legal eu vou mostrar... Olha só! Quantas vezes não usei essas frases para convidar meu público da televisão para que prestasse atenção a reportagens, notícias e histórias ora divertidas, ora emocionantes? E muitas vezes essas histórias tinham como estrela uma criança...

Crianças humildes, crianças famosas, meninos, meninas... para mim isso nunca fazia diferença. Eu sentia um grande prazer em estar com elas no palco ou em reportagens pelo Brasil. Esse prazer foi aumentando. Bastava que elas dessem um sorriso e uma luz acendia dentro de mim. O que seria isso? Um aviso?

Atenção, g... Gugu! Você não pode imaginar que história legal vou mostrar... Olha só!

Opa! Agora era como se fosse cada criança que quisesse que eu ficasse mais ligado, prestasse mais atenção.

A partir de então, após os programas de domingo, dirigindo de volta para casa, meus pensamentos começaram a me fazer viajar, de verdade... Será que eu, um solteirão perto dos quarenta anos, não estava precisando encontrar um outro sentido na vida? Para que tantas conquistas? O que fazer com tudo o que aprendi? Para que construí tudo isso? Que objetivo poderia me levar mais longe? Qual a razão de toda essa viagem?

De repente, sentia um calafrio, como se fosse o afago de uma menininha com lacinhos cor-de-rosa... Ou tinha a impressão de que escutava um garotinho dando gargalhadas... Na verdade, não conseguia mais frear meus pensamentos...

É. Eu não podia negar. Um novo caminho para minha vida começava a surgir, iluminado por aqueles sorrisos de crianças que vira durante o dia. Esse caminho me conduzia a um horizonte diferente que se delineava. Com isso, o futuro, que é sempre uma incerteza, algo escuro, que, por mais que me esforçasse, não conseguia enxergar com nitidez, a cada domingo ia ficando mais claro...

Uma criança, um menino, uma menina, um... filho! Será que chegara a hora de ter um filho?

Muitos futuros pais certamente iriam de cara se perguntar se teriam condições de dar um bom padrão de vida ao futuro herdeiro, atender a seus caprichos, pagar uma boa escola e dar, muitas vezes, coisas que eles, quando crianças, não puderam ter.

Essa parte não me preocupava. A questão financeira, na verdade, atrelada ao meu sucesso, é que trazia uma grande preocupação. Queria encontrar uma mulher sincera, aquela que seria a mãe do meu filho. Mas queria encontrar alguém que gostasse realmente de mim. Alguém que não estivesse apenas à procura de fama.

E olha como são as coisas. Eu, às voltas com esses pensamentos, uma vontade danada de ter um filho, recebi um bilhete inesperado de uma pessoa com quem eu trabalhara no início dos anos 80 e com quem tivera um romance: Rose. Naquela época o destino, no entanto, nos afastara. Ela fora estudar medicina, e eu continuei na televisão, jamais imaginando o sucesso que conseguiria e o tipo de programa que iria fazer.

O nosso reencontro esquentou novamente aquela relação. Começamos a sair, e uma idéia foi ganhando força: ter um filho. Mas em casa, à noite, um exército de dúvidas voltava sempre a me atacar.

Será que estava realmente preparado para ser pai? Será que teria cabeça para cuidar de um filho e fazê-lo feliz? Será que conseguiria me dividir, já que o trabalho tomava todo o meu tempo e minha atenção? Será que conseguiria contornar minhas gravações e infindáveis compromissos e ouvir as histórias, os dramas e as alegrias diários do meu filho? E as viagens, então: será que teria de adiá-las para não perder a colação de grau, o torneio de natação, a feira de ciências, o novo filme das Meninas Superpoderosas ou a final do jogo de futebol do meu filho?

Outras perguntas surgiam em minha cabeça: a violência do mundo, os perigos que as crianças correm todos os dias, a questão das drogas, seqüestros, assaltos... Não seria uma grande irresponsabilidade colocar uma criança neste mundo tão violento?

Essas dúvidas eram curvas bruscas nessa minha estrada, e era como se eu estivesse dirigindo em alta velocidade, sem rumo.... Só não perdia a  direção porque aquelas luzinhas, aqueles sorrisos de crianças que eu vira durante o dia davam cada vez mais claridade, trazendo otimismo aos meus pensamentos...

Antes de mais nada, refleti muito sobre a violência e cheguei à conclusão de que o medo diante do futuro não é característica dos nossos tempos. A humanidade sempre se deparou com incertezas, e nem por isso deixou de realizar o sonho de construir uma família.

Agradava-me também a idéia de ter alguém para perpetuar aquilo que eu havia aprendido e conquistado na minha vida.  Eu havia recém-descoberto que, por mais realizado profissionalmente que estivesse, havia um vazio a ser preenchido, sentia que precisava dar sentido ao sucesso conquistado. Percebi que gostaria de ter um filho também para dar continuidade ao que construíra. Como seria bom ter alguém a quem eu pudesse transmitir meus conhecimentos. Alguém a quem eu ensinasse a amarrar o sapato, a ler, a nadar, a fazer a barba, a "chegar junto" daquela "gatinha" ou a fazer-se de difícil diante de um garoto. Acima de tudo, ser simplesmente diferente, ser ele mesmo, ser ela mesma!

Olha que eu fui me entusiasmando. Meus pensamentos estavam a mil por hora. E as luzinhas à beira da estrada não me deixavam derrapar.

Como seria bom ter alguém ao meu lado que me ajudasse a enfrentar novos desafios! Alguém que tivesse a mesma curiosidade, os mesmos interesses que eu, que curtisse desbravar novas fronteiras. Ou que simplesmente quisesse apenas experimentar comigo uma nova cobertura do sorvete de chocolate!

Assim, num certo dia, eu e a Rose finalmente decidimos ter nosso filho. Esse dia teve mais do que um D de decisão... Hoje estou certo de que por mais dúvidas que nós tenhamos, por mais que planejemos e nos preparemos para uma decisão, acima de tudo, há o D de Deus... De uma forma ou de outra, Ele vai saber encaminhá-lo e você saberá decidir e levar com amor e intensidade essa nova fase da sua vida. E se isso acontecer quando você não esperava, pode ter certeza... não foi por acaso. Esse pequenino que virá de surpresa vai ajudá-lo a amadurecer e a encarar a vida de uma forma muito diferente, muito mais bonita!

Se você vai ser pai, seja bem-vindo a bordo! Você está iniciando a mais emocionante das viagens na criação da sua maior obra-prima: seu Filho.

Para mim, a essa altura, a contagem regressiva já havia começado...

9

Iniciativa: assuma o comando!

Bem, depois de decidirmos ter um filho, eu assumi logo a iniciativa: não me refiro apenas à concepção, mas aos cuidados que envolvem a paternidade. A primeira providência foi escolher aqueles que iriam tripular esse barco e garantir uma viagem mais tranqüila, ou, pelo menos, saber como agir nas emergências. Principalmente em noites de tempestade...

Machado de Assis dizia que a noite era conselheira. Eu diria que a noite precisa de uma conselheira ou de um conselheiro. Na gestação ele é o obstetra, que no parto contará com uma equipe, e depois, quando o bebê nascer, o conselheiro será o pediatra. Esses anjos da guarda logo se transformam em guardas dos anjos, e, diga-se de passagem, em guardas-noturnos. Isso mesmo. Guardas-noturnos que espantam pesadelos. São hábeis em contornar tempestades, na maioria das vezes tempestades em copo d'água.

Eu não hesitava em ligar para esclarecer cada enjôo da futura mamãe, cada dor mais intensa. E o nosso obstetra estava sempre ali, pronto para acalmar a mim e a ela às duas horas da madrugada. Às vezes eu ligava de dia. Só que eu estava no Japão!

Mas, para chegar aos profissionais que tripularam esse barco, tivemos de percorrer alguns caminhos.

Afinal, como encontrar um bom obstetra e um competente e atencioso pediatra?

Esses profissionais precisam entender as diversas linguagens dos pais aflitos e inexperientes. De cara, eles devem compreender o "ansiosês". O nome já diz tudo: é o idioma que nós, os ansiosos futuros pais, dominamos. A base para compreender essa língua: paciência. Eu, nessas horas, ficava aflito, e nada melhor do que profissionais

calmos para tratar da paciente, a mãe, e de mim, o "impaciente". Trata-se de uma qualificação básica e eliminatória.

Esses profissionais precisam entender a inexperiência dos marinheiros de primeira viagem. E para conseguir comunicar-se com gente assim nada melhor do que ter muita didática. Para isso é fundamental que eles possam interpretar o que é o "bluc-bluc" da barriga da mamãe, e então simplesmente dizer que é assim mesmo.

Mas não é só isso. Eles também têm de falar com sinceridade, com clareza, na nossa linguagem. Precisam nos dizer o bê-á-bá de maneira objetiva, e ter paciência para responder às muitas questões que virão ao longo da gestação e do crescimento do filho.

Por último, mas não menos importante, acho fundamental que o médico seja bem-humorado, afinal o bom humor alivia qualquer tensão, em especial de pais novatos. Para encontrar profissionais que atendessem a essas exigências, pedimos referências a amigos e verificamos, principalmente no caso do obstetra, em que hospital eles atuavam e a experiência que possuíam.

Tenho certeza de que, além de todas essas características, é preciso gostar do médico, ter empatia com ele. Ele precisa despertar confiança, como se já fosse seu grande amigo e alguém a quem você não vai ter acanhamento de fazer aquela pergunta que acha ridícula, mas que exige uma resposta.

Muitas vezes extravaso minhas aflições conversando à noite com o meu travesseiro, mas, em se tratando de uma gravidez e do meu filho, não facilitei. Assim, recomendo, na medida do possível, que a escolha do obstetra que vai acompanhar toda a gestação do seu filho seja feita até mesmo antes da concepção. Ele poderá identificar eventuais riscos e dar os caminhos possíveis para que seu filho nasça com muita saúde e que a gravidez não ponha em risco a vida da mamãe. E quanto ao pediatra, imagine o mundo de dúvidas que virá: muito-sono, sem-sono, come-demais, come-de-menos, não-pára-quieto, é-muito-quieto, vacinas, cólicas e uma lista que não termina mais... Sugiro também que você faça  sua escolha com antecedência e conheça o pediatra durante a gestação.

Apesar de ser um marinheiro de primeira viagem, não

deixei de ser o capitão: assumi o comando do barco! Estive sempre presente e tomei cuidado com os palpites de pessoas leigas. Mas quando o pânico veio, e ele sempre vem, mantive a calma. E procurei sempre pelo médico, pois só ele podia me dar as melhores e mais precisas respostas.

Trocar experiências é muito válido, mas cada caso é um caso. Se você tiver dúvidas, não hesite. O médico que você escolheu é o melhor caminho para as respostas que você quer ter.

Sei que nem sempre é fácil e que nem todas as pessoas podem ter um médico pessoal, a quem recorrer em todos os momentos de dúvida. Mas não deixe de ir a postos de saúde, não deixe de consultar os médicos de família, não deixe de fazer o acompanhamento completo da gravidez. Só assim você poderá dormir com tranqüilidade.

8,

Perfeição: é impossível?

Quando fiquei sabendo que a Rose estava grávida, liguei voando para ela. Eu parecia uma criança. A alegria era tão grande que não cabia dentro da gente. E mais do que refletir novamente sobre as preocupações que viriam, compartilhamos intensamente esses momentos e fizemos planos e mais planos. Você de repente fica "bobo" e tem vontade de sair contando para o mundo inteiro que vai ser pai, dos parentes mais próximos até o pipoqueiro, passando pelo colega do jardim-de-infância que você não vê há muitos anos e pelo chapeiro da lanchonete. E olha que ainda procurei me conter um pouco, pois desde aquele momento quis preservar meu filho de uma exposição exagerada.

Mas, à medida que aquele ser, nosso filho, foi crescendo dentro da barriga da Rose, novas preocupações vieram à cabeça. Não me refiro àquelas questões existenciais de quando você vai ter um filho, mas às preocupações com a formação do feto. Esse tipo de preocupação é terrível. À noite, quando eu me deitava, ficava imaginando como meu filho estaria se desenvolvendo dentro da barriga da mãe. A razão das minhas primeiras noites maldormidas foi uma questão básica: meu filho nasceria perfeito?

Sem saber o que fazer, como marinheiro de primeira viagem, entrei em pânico.

Apesar de ter lido muito a respeito, não era capaz de conter a aflição. Nada conseguia tirar aquela pergunta da minha cabeça. Meu filho nasceria perfeito?

Perfeição, eu pensava: mas afinal o que é perfeição? Sabia que era impossível ter um filho perfeito. A imper-feição faz parte da nossa natureza. Ainda que ela quase não erre e que cada célula cumpra geralmente o seu papel, todos nós sempre teremos defeitos... Mas eu não sossegava e a 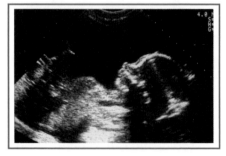 dúvida persistia. Meu filho nasceria perfeito?

Minha ansiedade era tão grande que comecei a pressionar o obstetra para que ele fizesse todos os testes para saber se o meu filho apresentava algum tipo de problema grave.

Não me contentava com aqueles exames de praxe. Eu me refiro aos exames de sangue e de urina, que são importantes para o diagnóstico de doenças infecciosas, anemia e diabetes, assim como à ultra-sonografia, que possibilita, entre outras coisas, verificar se o desenvolvimento do feto está dentro de uma faixa de normalidade. Mas isso não era suficiente. Afinal, eu precisava ter certeza. Meu filho nasceria perfeito?

Como a Rose tinha quase quarenta anos, o risco de meu filho nascer com algum problema aumentava ainda mais minhas inquietações. Ela, médica, estava muito mais tranqüila, mas eu não conseguia me segurar.

Liguei de noite para o obstetra várias vezes, apavorado, para que ele solicitasse três testes especiais, sobre os quais havia lido: a biópsia do vilo coriônico, a amniocentese e a translucência nucal. Li que estes exames são muito mais delicados e recomendados a mulheres acima de 35 anos, e mesmo assim em casos que exijam uma avaliação mais detalhada do feto.

Pacientemente, nosso obstetra explicou o que era a biópsia do vilo coriônico. Trata-se um teste monitorado por um aparelho de ultra-som, em que o médico introduz uma agulha na barriga ou uma sonda na vagina para retirar amostras de células que ficam na placenta. Esse exame é feito entre a nona e a décima segunda semana de gravidez. Ele detecta anomalias nos cromossomos, que podem causar doenças como a síndrome de Down, e ainda pode informar se o bebê que está a caminho é um menino ou uma menina. Porém, pode causar o aborto em 1% dos casos.

Já na amniocentese, segundo nosso obstetra resumiu de forma didática, o médico introduz uma agulha através da barriga da mamãe para colher o líquido encontrado na bolsa que envolve o feto. Nele, há células do próprio feto, o que permite uma avaliação genética mais detalhada do bebê, assim como uma análise do desenvolvimento do cérebro e dos pulmões. Esse exame, que também é monitorado por um ultra-som, deve ser feito entre a sexta e a décima quarta semana de gravidez. Ele também apresenta riscos: em cada duzentos, há uma interrupção de gestação, causada por rompimento da bolsa e conseqüente infecção.

A translucência nucal é feita entre a décima e a décima quarta semana e detecta doenças genéticas neurológicas.

O médico, apesar da minha insistência, acabou por me convencer de que não era necessário fazer esses exames, e isso me deixou mais tranqüilo. Hoje posso dizer que o mais importante é fazer um bom acompanhamento da gravidez, até antes da concepção, procurando sempre o auxílio de bons médicos. É desnecessário dizer que a mulher não deve tomar bebidas alcoólicas, deve ficar longe do cigarro e de quem fuma e manter um peso condizente com a estatura.

Procurei assumir um espírito de grávido, ou seja, passei a dar todo o carinho à futura mãe, acompanhando-a nas consultas pré-natais. Assim, com um clima psicológico favorável, uma alimentação adequada, equilíbrio e bom senso em todas as atitudes, tive ainda mais certeza de que estava contribuindo para uma boa formação do bebê.

Hoje tenho certeza de que, mesmo que meu filho apresentasse algum problema, meu amor por ele seria incondicional.

7,

Sexo: menino ou menina?

Não demorou muito e eu já estava morrendo de curiosidade de saber qual era o sexo do bebê. Muitos pais disfarçam ou dão uma de durões, dizendo que só precisam dessa informação por causa do enxoval e da decoração do quarto do herdeiro. Até que faz algum sentido, afinal, já pensou o desastre que seria se você pintasse a parede de rosa, comprasse uma roupa de cama com desenhos da Barbie e de repente aparecesse um "molecão"?

É claro que saber o sexo do bebê realmente facilita o planejamento dos gastos e evita correrias de última hora. Sei dessa importância prática, mas admito que no fundo eu queria mesmo saber se poderia realizar um antigo sonho: ter um menino!

Ficava noites inteiras imaginando meu filho jogando

tênis, eu indo levá-lo para aula de natação, jogando futebol com ele, e olha que eu sou uma negação em esportes com bola...

Sonhava acordado com os programas que faríamos juntos: viagens, aventuras, shows...

Não parava de pensar: como seria bom se fosse um menino. Não tardou e veio a pergunta de um ansioso de carteirinha: como então saber qual o sexo do meu filho antes, bem antes, do nascimento?

Simpatias funcionariam?

E os métodos científicos, são totalmente confiáveis? Antes do terceiro mês, impossível, disse-me o médico. A não ser por análise de cromossomos, usada em casos específicos. Mas a partir desse mês, com uma pequena margem de erro, por meio da ultra-sonografia, eu e a Rose poderíamos conhecer o sexo do nosso futuro herdeiro, assim como saber como ele estava se desenvolvendo.

Aliás, jamais cogite deixar de acompanhar a futura mamãe a esses exames, em especial ao primeiro. Eu quis estar sempre presente, pois a Rose precisava sentir meu apoio incondicional. E por meio da ultra-sonografia pudemos assistir de camarote àquilo que estava acontecendo lá dentro mas que até então não podíamos ver. Certamente foram as mais belas imagens que vi na minha vida. A partir da décima semana, pudemos também ouvir os batimentos cardíacos do nosso filho através do sonar.

A bem da verdade, as imagens não são tão boas, ou melhor, tão nítidas. Mas, apesar dos chuviscos e de o ângulo captado nem sempre ser bom, tivemos a oportunidade de ver o contorno da cabeça, as perninhas, os órgãos do nosso filho com a devida narração do médico.

Mas antes que a Rose pudesse fazer esse exame, recorri a uma série de simpatias que me ensinaram. Aliás, numa das minhas viagens a Portugal, aprendi uma que foi tiro e queda! Deu que nós teríamos um menino! Ela tem de ser feita em sofás de dois lugares. Sem  a mamãe ver, você coloca um garfo sob uma das almofadas do sofá. Embaixo da outra almofada, você coloca uma colher. Peça então para que ela se sente delicadamente numa das almofadas. Se ela optar pelo lado do garfo, é homem. Mas se ela escolher a outra almofada, sobre a colher, aí não tem jeito, vai vir uma menina. Os institutos de pesquisa de lá dizem que o índice de acerto dessa simpatia não é nada desprezível: entrevistaram 240 casais que a usaram e houve 120 acertos, ou seja, 50%...

Aqui no Brasil o imaginário popular também não fica atrás. Aí vão algumas que me contaram, e que, dizem, são infalíveis. Uns afirmam que se a barriga da mamãe estiver pontuda é sinal de que é menino. Mas se ela estiver muito arredondada é batata: lá vem uma garotinha. Outros garantem que se sua mulher estiver linda, esplendorosa, então é porque ela vai ter um menino, mas se, ao contrário, ela estiver pavorosa, um canhão, é porque uma garota está a caminho. E os índices de acerto são muito parecidos com os dos nossos irmãos lá da santa terrinha... Logicamente, esses métodos não têm credibilidade nenhuma e são uma mistura de folclore com humor. Por outro lado, o médico sempre nos alertava que a ultra-sonografia não era cem por cento conclusiva, pois dependendo da posição em que o feto está não se pode ver bem o órgão sexual do seu filho. Ou, pior, isso pode induzir a conclusões erradas.

Como já disse, eu queria muito que meu primeiro filho fosse do sexo masculino. E dei sorte: "É espadinha", disse o médico no quarto mês de gravidez.

Mas com o tempo perceberia e sentiria que há algo mais importante do que ter um garoto ou uma menina. Posso garantir que, muito mais do que o sexo do bebê, na ultra-sonografia você certamente poderá ver dois membros do seu filho que vão fazer muito mais diferença na vida do que um "pipizão" ou a ausência dele: os braços. Imagine apenas que, depois de um dia cansativo, cheio de problemas quase sem solução, de infindáveis aborrecimentos, depois de tantos contratempos, você vai abrir a porta da sua casa e seu filho vai correr na sua direção... para um delicioso e inesquecível abraço.

6,

Homenagem:
e o vento nunca levará...

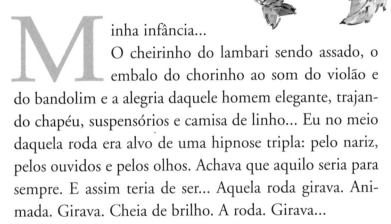

Minha infância...

O cheirinho do lambari sendo assado, o embalo do chorinho ao som do violão e do bandolim e a alegria daquele homem elegante, trajando chapéu, suspensórios e camisa de linho... Eu no meio daquela roda era alvo de uma hipnose tripla: pelo nariz, pelos ouvidos e pelos olhos. Achava que aquilo seria para sempre. E assim teria de ser... Aquela roda girava. Animada. Girava. Cheia de brilho. A roda. Girava...

Com o tempo, no lugar da roda de amigos do meu avô veio outra roda. A roda do meu pai, a roda do caminhão do meu pai.

Ela era enorme. Tão grande que ele, ao consertar seu carro, sumia atrás dela. Mas eu não deixava aquele homem forte de quem eu tanto me orgulhava desaparecer da mi-

nha vista: logo eu olhava atrás dela e o encontrava. Não queria que meu pai sumisse nunca atrás da roda... E ficava triste quando o seu caminhão partia, e eu e meu irmão, de longe, ainda víamos aquela roda... Grande. Girava. Não me esqueço daquela roda girando, girando...

A futura chegada do meu filho me fazia lembrar do meu tempo de criança. E a certeza de que eu queria que meu filho se sentisse amado desde quando estava dentro da barriga da mamãe era enorme.

Todos os dias eu acompanhava o crescimento da barriga da Rose, conversávamos sobre as transformações, sobre o que ela sentia.

E veio aquela outra conversa pela qual todos os pais passam – dias, às vezes meses –, tentando chegar a uma decisão: que nome colocar?

Tenho visto acontecer com muitos casais conhecidos a maior confusão na hora da escolha do nome do filho. Muitas vezes a futura mamãe quer que ele tenha aquele nome que ela sempre sonhou para seu primeiro filho... O pai, por sua vez, tem uma sugestão completamente diferente, que pode remontar aos tempos gloriosos do seu time de futebol.

Para complicar, há outra questão a definir: quais sobrenomes do papai e da mamãe usar? E se você ficar preocupado em não contrariar ninguém, da sogra ao tio de segundo grau, se quiser manter todas as tradições, o nome do seu filho vai parecer o de um nobre do século 19.

Assim, com tantas dúvidas, o que fazer para escolher o nome do bebê que está para nascer?

Num primeiro momento, eu e a Rose fizemos uma pesquisa pela Internet e ficamos surpresos com os nomes que encontramos: Delícia da Silva, Alain Delon (o bonitão), Reitimão (em homenagem ao Corinthians), Lamparina (provavelmente aquele do gol decisivo...), Lindomais (para atrair beleza), Danleonardo (para dobrar as vibrações de sucesso desse futuro cantor) e outros tantos. O imaginário popular é fértil e, como o brasileiro é um povo criativo, certamente encheríamos um livro inteiro com idéias de nomes que encontramos por aí.

Apesar de a atual legislação brasileira proibir o registro de nomes que possam causar constrangimento à pessoa, ainda assim há muita falta de bom senso.

Sem dúvida, as homenagens são sempre bem-vindas,

mas na hora de escolher o nome do seu filho o bom senso deve prevalecer. Tenha em conta que um nome que hoje é modismo, amanhã não o será mais. Imagine também seu filho respondendo à chamada na escola, no seu primeiro dia de aula:

– Lindomais?

– Aqui, presente!

Aí, já viu: desde o primeiro dia de aula o menino vai ser vítima de gozações. "Depois acostumam", você pode pensar. Na faculdade isso piora. E numa entrevista de emprego, o nome pode até gerar falsas conclusões, como "Não dá para contratar um cara com esse nome...".

Sugiro que você faça uma lista de nomes e escolha sem pressa. Juntamente com a futura mamãe, vá eliminando as opções e nunca deixe de falar alto o nome do seu filho, para ver como soa. Esqueça os nomes estrangeiros que têm pronúncia diferente da escrita, pois isso vai fazer com que seu filho passe o resto da vida soletrando o nome nas mais diferentes situações.

Conselhos, nessa hora, são bons. Mas deixe prevalecer o bom senso. Lembre-se também de que, por questões legais, seu filho, caso não goste do nome ou sinta-se constrangido com ele, terá muita dificuldade em alterá-lo.

Portanto, pense bem nisso. É mais do que um gosto. É muito mais do que um entusiasmo momentâneo. A questão "bom senso" novamente deve prevalecer.

A escolha dos sobrenomes é igualmente importante. Pela nova legislação não é preciso mais adotar prioritariamente os sobrenomes do pai. É possível adotar o da sua mulher, ou seja, seu filho poderá ter o sobrenome final da família da mamãe.

O nome do nosso filho é mais do que um simples amontoado de palavras. Na minha opinião, devemos resistir a pressões de amigos e familiares e à tentação de homenagear esta ou aquela celebridade. É preciso dar ao nosso filho um nome que venha do fundo do coração, um nome que tenha um porquê baseado na nossa vida e no desejo de que ele tenha orgulho de usá-lo como marca do seu caráter.

No meu caso e da Rose, de comum acordo ela deixou a escolha do nome para mim.

Meus pensamentos voltaram aos tempos de infância. Afinal, não estava escolhendo apenas o nome do nosso filho. Minha cabeça girou, girou... Estava agindo em nome dele por algo que ele levaria por toda a vida. Meu passado girava na minha cabeça. Vários nomes iam e voltavam. Esse nome precisava ter um porquê, uma boa razão de ser. Minhas melhores recordações foram chegando, chegando e finalmente decidi:

João Augusto! João, o nome do meu avô, e Augusto, o nome do meu pai.

Consultei também a numerologia, afinal minha irmã, Aparecida, é uma grande estudiosa do assunto. O nome era bom e aproveitamos para escolher o dia do nascimento. Havia algumas possibilidades e optamos pelo dia que apresentava melhores "vibrações". João Augusto. Foi sem dúvida uma forma bonita de poder lembrar sempre daqueles homens que tanto marcaram minha infância com brincadeiras inesquecíveis e muita alegria. Tenho certeza de que meu filho vai ter muito orgulho do nome que escolhi para ele!

5

Comunicação:
a linguagem do carinho

omo todo futuro pai, em especial aqueles que
estão embarcando nessa viagem pela primeira vez, fiquei ansioso e por vezes me pe-
guei sonhando acordado com a possibilidade de poder
ver o rosto do meu filho. Será que não haveria uma mági-
ca para fazer isso virar realidade?

À medida que os meses passavam, minha ansiedade
aumentava. Quando eu poderia escutar o coração do
meu filho bater? Seria possível eu me comunicar com
ele? Como?

A partir do terceiro mês, os sinais vitais foram se tornando cada vez mais intensos. E nosso paciente ginecologista narrava o que estava acontecendo na barriga da Rose.
A esta altura os olhos e os ouvidos começavam a ganhar
forma e a cada dia ficavam mais desenvolvidos. O João

41

começava a se manifestar na barriga da Rose. Ora ele dava um chute aqui, ora outro ali.

No quarto mês de gestação, ao fazer uma ultra-sonografia, colocaram um pequeno microfone sobre a barriga e, por meio de uma caixa de som, escutamos as batidas do coração do João Augusto.

No mês seguinte, a Rose começou a sentir mais intensamente os movimentos do nosso filho. No final da gravidez, a agitação seria muito maior, pois certamente estava ficando difícil encontrar posição ali dentro.

Eu, aflito de plantão, ficava preocupado. A festança na barriga da mamãe devia estar boa ou ele é que estava louco para curtir o mundo aqui fora?... Que tipos de sinal eram aqueles?

Será que o João estava sentindo tudo o que acontecia à volta dele? Será que ele nos ouvia? Valeria a pena colocar um som para alegrá-lo ou acalmá-lo? E se eu dissesse palavras dóceis, ele com o tempo reconheceria minha voz?

É certo que no meio daquela escuridão nosso filho não podia ver muita coisa, mas ele devia estar percebendo a luminosidade através da barriga da mãe. O médico também explicou que ele já podia distinguir gostos, por isso era hora de maneirar na alimentação: nada de almoço a dois com comidas fortes e picantes... E disse também que meu filho já identificava nossas vozes, nossos toques.

Como não podia estar sempre próximo da Rose, numa viagem comprei um toca-fitas e gravei várias mensagens dizendo tudo aquilo que o meu filho representava para mim. Assim, mesmo quando estava ausente, a Rose colocava o gravador próximo à barriga dela e aí rolava o maior clima entre nós três, pois ela também conversava com o João. Coincidência ou não, sempre que ouvia nossas vozes ele se mexia!

Uma música suave também agradaria aos sensíveis ouvidos do nosso João, ainda que ele estivesse em desenvolvimento. Logicamente, não aconselho ninguém a abusar e colocar um *heavy metal* no último volume. Tudo bem, você pode até ser um fã desse gênero musical, e seu filho pode vir a ser um grande baterista de uma banda de rock. Mas tudo tem seu tempo, e o momento exige serenidade, pois nesse estágio da gestação "rock pauleira" é demais.

Eu e a Rose sempre conversamos muito com o João. Dizíamos palavras de afeto. Aliás, acho que de uma forma ou de outra essa palavra afeto tem tudo a ver com feto e por tabela tem o significado de carinho.

Procuramos transmitir amor e tranqüilidade. Aprendemos que nosso filho era um radar que captava tudo. O futuro bebê tem percepção de que há harmonia ou não no lar. Acho que conversar com o seu filho é muito bom, mas de todos os sentidos eu não tenho nenhuma dúvida de que o mais importante é o tato. Assim, passava a mão na barriga da futura mamãe. Sabia que era um duplo carinho: nela e no meu filho também. E ele ficava mais calmo.

4

Parceria: para o quer der e vier

Estávamos voltando do médico quando a Rose teve um enjôo no meio de um grande congestionamento. Tive de parar, e aquilo acabou se transformando numa autêntica peça de teatro tragicômica. O fundo musical não era dos mais animadores: uma orquestra de buzinas. E o desfecho: uma bela vomitada. Com o tempo nos acostumamos com esse enredo, afinal é o drama da maioria das gestantes...

E, como marinheiro de primeira viagem, naturalmente estranhei esse mar cheio de surpresas, desejos inimagináveis, enjôos, azias, alergias, náuseas e vômitos nos momentos e lugares mais inconvenientes. As estatísticas não perdoam: em cada três mulheres grávidas, duas têm enjôo. E não adianta fugir. Você está envolvido nessa até o pescoço. É, e o pior é que até a camisa e a calça também...

Até um terno novo que eu estava estreando não escapou.

Sabia que tais situações não eram "charme" ou "frescura" de mulher grávida. Nos primeiros três meses de gravidez, elas podem aparecer sem avisar, e é preciso ao menos estar preparado, em todos os sentidos, para acudir a mamãe e, se bobear, você mesmo.

De todas as manifestações indesejáveis que podem acontecer durante a gravidez, o enjôo, seguido muitas vezes pelo vômito, é sem dúvida uma das que causam maior embaraço e preocupação para a futura mãe e, por tabela, para o pai.

E não tem jeito, há mulheres que têm uma tendência maior para enjoar durante esse período. Isso acontece porque o organismo, nessa fase, libera certos hormônios que levam a um relaxamento dos músculos do intestino e do estômago, dificultando a absorção dos alimentos. Essa reação pode vir na forma de náuseas ou enjôos, culminando muitas vezes com vômitos. Aí a gestante pode colocar para fora o que não foi digerido.

Depois de alguns "belos" espetáculos, acho que aprendi a responder a três questões básicas:

• O que fazer então para diminuir os enjôos?

• Como proceder, caso aconteçam?

• Existe um kit-enjôo?

Já que não havia como evitar tais situações, fazíamos o possível para reduzir
sua freqüência. Aqui vão algumas sugestões que foram muito úteis para nós. Elas
ajudam a lidar com esse problema e aliviar a futura mamãe:

• Peça ao médico uma dieta que possibilite uma digestão
mais fácil.

• Não deixe que ela coma aquilo que não esteja
com vontade.

• Oriente a mamãe para que ela procure ficar
longe de cheiros fortes.

• Tenha sempre em mente um plano de fuga... para o
banheiro mais próximo, mesmo que seja improvisado...

• Faça também com que a mamãe tenha
sempre um kit-enjôo na bolsa, composto de
um saquinho, um pano e até uma bala ou algo para aliviar o gosto ruim que às vezes fica
na boca.

• Caso a mamãe esteja tendo vários enjôos por dia, é
melhor procurar a orientação do médico.

Ainda que os enjôos possam ocorrer a qualquer hora,

eles acabam acontecendo mais pela manhã, quando a mamãe acorda.

Minha maior lição, e o que acho mais importante, além de tomar as providências listadas anteriormente, é que, se acontecer a pequena tragédia, não dramatize, e muito menos, caso você tenha sido um dos alvos de uma bela vomitada, queira fazer um exame de corpo delito, do tipo "Olha o que você fez!".

Ao atender um desejo da Rose ou ao socorrê-la numa situação mais constrangedora, eu fui adotando uma atitude de grávido e, com isso, ajudei-a a atravessar a gravidez com menos sobressaltos. Acho que é preciso ser companheiro sempre, ajudando a futura mamãe a evitar maiores constrangimentos. No fim de tudo, sobrevivemos e relembramos essa fase sempre, com boas gargalhadas.

3,

Preparação:
questão de bom senso

ntes de ficar "grávido", ouvia dizer que um dos momentos mais prazerosos durante a gestação é a compra do enxoval e a decoração do quarto do bebê. Para a mamãe, então, era uma festa. E eu realmente não escapei disso.

Sempre que possível, procurei participar ativamente das decisões de compra, acompanhando a Rose nas suas intermináveis visitas às lojas para escolher as roupinhas, os cobertorzinhos, o bercinho, a luvinha, a meinha, o lacinho, o sapatinho, o bichinho... Ah, vai ter sempre um sexto e último casaquinho de lã, reforçado, mesmo que esteja fazendo um calor escaldante. "Sabe como é, Gugu, pode precisar..."

É tudo "inha" e "inho", gracinha, bonitinho, engraçadinho, fofinho, lindinho, mas se bobear vocês acabarão comprando coisas demais e a conta vai ficar um baita "ão".

Novatos nessa experiência, nós cometemos alguns erros na hora de montar o enxoval do nosso filho. E diante de tantas necessidades, tantas sugestões e de uma mamãe tão sensível, ficava difícil responder às questões:

• Como colocar um mundo inteiro dentro de um armário?

• Se já sabe o sexo do bebê, como decorar o quarto?

• E se não sabe ou não quis saber, como transformar, com bom senso, o cantinho do bebê num lugar agradável e bonito?

Uma coisa que aprendi foi que o quarto do bebê deve ser planejado com bastante antecedência. A compra do enxoval também. Recomendo que você fuja do hábito de deixar para comprar tudo em cima da hora. Isso deve ser feito até os oito meses de gravidez, porque depois a mamãe não terá tanta disposição para entrar e sair de lojas, procurar por peças que faltam, e por aí afora.

Vão aqui mais algumas lições que aprendi.

• Se você não sabe o sexo do bebê, prefira cores neutras, como o verde ou o amarelo. Principalmente no caso da pintura e da decoração do quarto do seu filho, opte por tons pastel, que acalmam e facilitam o sono. Nós pintamos o quarto do João de verde pastel.

• O quarto mais adequado para seu filho deve receber sol, ser bem arejado e não ter umidade. Poeira, então, nem pensar. Assim, dispense carpete, tapetes, cortinas e tudo o que acumule pó. Um piso de vinil (plástico) é o ideal, pois facilita a limpeza.

• A iluminação deve ser leve e nunca direta, pois isso pode incomodar e excitar o bebê. Aconselho que o quarto fique longe de ruídos irritantes, como o de obras ou do trânsito. Não poupe, no entanto, o seu filho de se acostumar ao som das pessoas mais próximas, do telefone... Para que ele possa logo conseguir diferenciar o dia e a noite. Assim, ele também vai se enquadrando na rotina da casa, que em hipótese alguma pode mudar por causa do seu novo morador.

• Quanto ao berço, ele deve ser colocado longe da janela (assim como o trocador). O espaço entre as grades não pode ter mais do que 6 centímetros.

• Escolha um colchão antialérgico e tenha cuidado ao dependurar móbiles e enfeites com cordões, pois o bebê, numa piscada de olhos, pode enroscar-se neles.

• Dê preferência a berços com altura regulável e, se possível, àqueles que podem ser transformados em cama. Assim, eles duram muito mais tempo e você economiza um bom dinheiro.

• Como precaução básica, não deixe de colocar protetores (telas) nas janelas e nas tomadas.

• Com relação ao enxoval, tenha cautela e evite exageros. Certamente vocês, sobretudo a mamãe, terão compulsão por comprar tudo o que é roupa. Isso, somado aos presentes e às doações dos priminhos, pode transformar o quarto do bebê num depósito de uma grande loja de departamentos. E haja espaço! Como o bebê cresce muito rápido, não é necessário comprar muita roupa. Preocupe-se mais com o conforto da roupa do que com a marca.

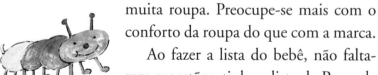

Ao fazer a lista do bebê, não faltaram sugestões: tinha a lista da Rose, da minha irmã, do hospital, da nossa vizinha... Tentamos então fazer a nossa lista, e aí eu fiquei assustado com a quantidade de coisas que precisávamos providenciar. Imagine: dez macacões, dez jogos com camiseta e calça e mais dez pares de meias; quatro lençóis de berço e quatro de carrinho; meia dúzia de "cheirinhos" (fraldas de rosto, brancas); três toalhas de banho e dois cobertores (de berço, claro). E isso é o básico... Aprendemos no fim que o fundamental é que as roupas devem ter o mínimo de fivelas e botões, para facilitar a sua troca.

Já no quesito equipamentos a lista pesa mais no bolso: mas não tem jeito, pois é preciso ter à mão berço, trocador (que pode ser encomendado junto com o berço), carrinho, cadeirão, banheira, sacola com trocador embutido e travesseiro de bebê. E, se puder, um bebê-conforto e um assento para automóvel, para quem tem um.

Por último, mas certamente não menos importante, há os brinquedos. Recomendo que fique atento a partes salientes que possam ser colocadas na boca, e só dê a seu filho brinquedos com o selo de certificação do IQB –

Inmetro. Não compre muita coisa e dê preferência a artigos mais simples. Às vezes, caixinhas vazias fazem mais sucesso do que caros e sofisticados brinquedos.

Curtimos bastante esses momentos e, ao final, a Rose, em vez de ficar estressada com as correrias de última hora, pôde namorar bastante o quarto já pronto. E, juntos, sonhamos com a vinda do nosso filho.

Otimismo:
pense que vai dar tudo certo!

"Eu agradeço o que eu tenho e peço que nada venha a me faltar. Peço para aquele que não tem, que um dia ele venha a ter também. Que eu sonhe um sonho divertido, que eu tenha amigos e, quando acordar, encontre um mundo colorido. Um mundo de paz onde eu possa brincar" [trecho da faixa 14, *Aprendendo a Rezar*, do CD e DVD *Gugu para Crianças*, de Claudio Rabello].

Um frio na minha barriga mexia comigo tanto quanto as contrações na barriga da Rose. Era como se o João estivesse dando um sinal por telepatia, avisando que a hora estava chegando. Era como se eu sentisse mais do que nunca a presença de Deus.

Desde pequenino, seguindo a fé cristã herdada dos meus pais, sempre orei e pedi a Deus para que houvesse mais justiça no mundo, muito mais paz e harmonia. Sei que o caminho não é fácil e sempre nos deparamos com situações difíceis, que na verdade aparecem para fazer com que amadureçamos e possamos compreender profundamente o sentido da vida.

Mas, naquele momento, todas as minhas orações estavam centradas no meu filho e na Rose. Chegara a hora de o João fazer parte do mundo. Ao pensar nisso eu sentia um arrepio. As questões do início da gravidez, da fase de decisão acerca de ter um filho, todas elas voltavam em bando a povoar todos os nossos pensamentos.

Não seria uma grande irresponsabilidade colocar essa criança neste mundo maluco? Será que iria dar tudo certo?

Meu Deus!

Deus. Ele é sempre a palavra-chave. Antes que eu naufragasse nos meus pensamentos, reassumia o controle da situação, apelava para a minha fé e aproveitava para entrar num clima de otimismo, de festa...

E para aliviar a tensão pré-parto, a melhor coisa foi ajudar a futura mãe nos preparativos finais. Foi o que fiz. A essa altura nós já estávamos integrados com a equipe médica, conhecíamos o hospital em que nosso filho iria nascer e tomáramos todas as providências de como chegar lá sem apuros.

A Rose, ainda que fosse médica (ela é otorrinolaringologista infantil), não deixava de agir como toda mulher, como toda futura mãe. Ela quis fazer uma autêntica mudança para a maternidade, e, se eu deixasse, a gente teria de fazer mais de uma viagem. A todo questionamento, ela dizia "Ah, Gugu, e se precisar?".

Mas, então, o que é preciso mesmo levar para a maternidade? O que é essencial?

Sugiro que a mala seja feita com antecedência, pois o seu filho pode querer chegar antes da hora, e se as coisas não estiverem arrumadas será um desgaste. Lembre-se, a futura mamãe deve estar tranqüila para o grande dia. Olha, o que é preciso levar não é pouco: metade do enxoval de que falamos no capítulo anterior. Leve tudo (ainda que a mamãe vá sempre dizer "só isso?") em uma mala, *isso mesmo*, em uma mala! Porém, recomendo que veja no hospital em que seu filho vai nascer a lista que eles pedem. Alguns hospitais possuem os produtos de higiene pessoal, mas outros não. Por isso, verifique tudo com antecedência, para ver se

não ficou faltando nada (mas, asseguro, sempre vai faltar!).

Achei o máximo quando nós escolhemos a primeira roupinha, a segunda... E aí aprendemos uma coisa bem prática: aconselho separá-las em saquinhos plásticos, considerando que a futura mamãe deva ficar até três dias na maternidade.

E, como o clima é de festa, não se esqueça do lado social. Eu criei uma lembrancinha para dar às pessoas que foram visitar meu filho. Aproveitando um desenho muito simpático feito pela Rose, no qual havia a mamãe, o papai e o filhinho de braços dados, eu fiz um camisolão e distribuímos a todos os amigos. Foi um sucesso, pois é algo que as pessoas usam e conseqüentemente vão divulgar por aí esse grande dia. Seu filho mal nasceu e já vai estar dando o maior cartaz...

Mas, acima de tudo, o que considero mais importante nos momentos que antecedem o nascimento do filho é o pai mostrar que está ao lado da futura mamãe.

Procurei transmitir para a Rose tranqüilidade e segurança. Melhor do que fazer a mala é não ser um apavorado e transformar-se em um autêntico "mala".

1,

Luz: o parto!

Finalmente chegou o dia. Se dissesse que dei uma de durão e não fiquei nervoso, estaria mentindo. Era querer demais. Procurei ficar ao lado da Rose e demonstrar solidariedade. Para amenizar a ansiedade, nada melhor do que ter um conhecimento básico de tudo o que se vai passar nesse inesquecível dia. Procurei ler muitos livros, tirar todas as dúvidas com o médico, conversar com outros pais.

Antes de mais nada, como saber se é chegada a hora?

O parto deve ser natural (normal) ou cesárea?

Que tipo de anestesia fazer?

A primeira questão básica é que tipo de parto: natural ou cesáreo? A decisão sobre o tipo de parto normalmente é tomada com antecedência, seguindo-se sempre a orientação do médico. Cada caso é um caso, embora seja mais aconselhável o natural.

Essa questão de parto natural *versus* parto por cesariana deve levar os pais a uma importante reflexão. O Brasil é um dos campeões de parto cesáreo, mas normalmente o parto natural é que traz mais vantagens. Ainda que a cesariana permita um parto geralmente mais rápido (dura em média uma hora de cirurgia e depois há mais uma hora em que a paciente fica em observação), com dia e hora marcados (pode ser feito a partir da trigésima sétima semana, nos casos de antecipação do parto pré-eclâmpsia, crescimento retardado intra-uterino etc.) e sem dor, o parto natural geralmente é mais aconselhável, pois apresenta riscos menores, permite uma recuperação mais rápida, a mãe e o bebê normalmente ficam menos tempo no hospital-maternidade, o pós-operatório é mais tranqüilo, sem sofrimento para a mãe, e os benefícios para o bebê são maiores, em especial no momento do parto, quando há uma integração maior entre mãe e filho.

Vários fatores, no entanto, determinaram que optássemos pela cesárea, sempre com a orientação do médico, que verificou a idade da mãe e a evolução da gravidez. Por isso, a decisão sobre o tipo de parto deve ser fruto de muita conversa com o médico, e o casal, principalmente a mamãe, deve refletir bastante sobre essa questão, ainda que as circunstâncias possam obrigar a uma mudança de procedimentos quando chega a hora...

E por falar nisso, saber quando tinha chegado a hora foi uma das nossas maiores preocupações.

O trabalho de parto é o principal alerta de que nosso filho está realmente a fim de sair da barriga da mãe. Há, no entanto, o falso trabalho de parto, que se caracteriza por contrações (uterinas) irregulares que logo passam. Mas se as contrações são mais regulares e freqüentes, o corpo da mamãe está sinalizando que o bebê está preparado para o parto. Há várias regras para determinar se esse trabalho realmente é para valer. Na média, no espaço de dez minutos há duas contrações de sessenta segundos cada.

E a dor?

Por natureza, não posso ver ninguém sentindo dor. Meu coração é que doía só de imaginar que a Rose poderia sofrer... Em muitos casos de parto natural, se a mãe quiser evitar qualquer dor durante o parto, ela pode ser anestesiada (anestesia peridural). Eventualmente, antes do parto o médico também pode indicar uma anestesia local.

No parto por cesárea utiliza-se tanto a anestesia peridural (aplicação do lado de fora da espinha) como a intradural (aplicação dentro da espinha). A picada é feita nas costas e não dói.

Mesmo com tudo o que estudei e com as orientações do médico, confesso que fiquei muito apreensivo. Quando cheguei à maternidade, suava frio e logicamente estava impaciente. O que acontece nos momentos que antecedem a cirurgia é quase indescritível: o tempo não passa e os segundos duram uma eternidade. Eu levantava. Ia ao banheiro. Voltava para a sala de espera. Sentava. Levantava. Ia novamente para o banheiro. Voltava. A expectativa aumentou quando vieram buscar a Rose. Ajudei a empurrar o carrinho com a maca de onde ela estava até a sala de cirurgia.

Durante o parto, fiquei desesperado com o marcador digital da pressão arterial da Rose. Ele não parava de baixar. E eu não parava de olhar para o médico, com medo de que aquilo não fosse normal. Mas aos poucos consegui me controlar. Sabia que era natural tamanha ansiedade, e o mais importante de tudo era estar ali, fazendo carinho na mamãe, passando a mão na barriga dela e, com isso, transmitindo afeto ao meu filho também.

Infelizmente, não fora possível ver o rosto do João na ultra-sonografia, pois ora ele estava com a mão na frente, ora estava de lado. Mas isso teve um aspecto positivo, pois a surpresa e a emoção ao ver pela primeira vez aquele rostinho foram ainda mais gratificantes.

Assim, a etapa mais longa da nossa viagem estava por começar: o sinal de partida foi o choro do João...

A partir do momento do nascimento do meu filho João, tive uma grande surpresa: comecei a descobrir que eu também acabara de nascer. Na verdade, nascera naquele instante a minha paternidade. Não posso negar, a vinda do meu filho virou minha vida de ponta-cabeça. Ele me ensinaria muitas coisas.

Passei por muitas mudanças no jeito de encarar as coisas. E ao lidar com essas mudanças, não me deixei afligir. Afinal, elas foram as responsáveis por me fazer encarar a vida de uma forma muito diferente.

E como meu filho fez a minha vida virar de ponta-cabeça, como eu já disse, sugiro que você também faça o mesmo com este livro, comece a lê-lo a partir da última página. Para isso, feche o livro, vá para a capa de trás e vire o de ponta-cabeça!

Primeiros momentos

NASCEU! Quando vi o João na minha frente, senti algo quase indescritível. Era como se toda a força do universo estivesse ali. Era como se Deus tivesse colocado a mão na minha cabeça. Não há coisa mais pura e verdadeira do que ver o rosto do seu filho pela primeira vez. Ora me sentia pequeno e humilde diante da grandiosidade da vida, ora me sentia poderoso diante do orgulho de ser pai. Experimentei um mundo de sentimentos em minutos: medo, alívio, preocupação, aflição... culminando com uma grande explosão.

Pai! Eu sou Pai! Ri, gaguejei, babei, fiquei vermelho... A Rose também estava emocionada. Nós nos abraçamos e eu, como sou muito sensível, retribuí a choradeira dela e do João com o meu show particular. Chorei também.

A nossa criação, a nossa grande obra-prima estava ali, nos braços do obstetra. Ainda emocionado, não deixei de me transformar em um inspetor de qualidade no final da linha de produção. Meus olhos rapidamente vasculharam milimetricamente o corpo do João.

Um, dois três, quatro... quatro... ufa!, cinco dedos na mão direita! Cinco dedos também na mão esquerda! Nos pés, ótimo, tudo estava no seu devido lugar!

Olhos, boca, duas orelhas!... A cabeça, os movimentos... pela checagem visual tudo estava sob controle! Sob controle... Mas... estava mesmo?!

Das mãos do obstetra ele foi para as mãos do neonatologista, que é o pediatra especializado em recém-nascidos. Depois eu pude tocá-lo. Beijei-o e fui o primeiro a ter um contato físico, pele com pele.

A partir daí, assisti, na maior expectativa, a uma série de procedimentos básicos que visavam checar a saúde do João. Depois de enxugá-lo, o pediatra colocou-o num berço aquecido e verificou se os sinais vitais estavam dentro dos padrões aceitáveis. Logicamente, com mais precisão do que a minha, o médico deu uma olhada geral no meu filho com o intuito de encontrar algum problema. Tratava-se de uma análise visual. Em seguida, amarraram e limparam o coto umbilical e colocaram um colírio nos olhos para protegê-los contra infecção (conjuntivite). Fizeram também a identificação da criança com o uso de pulseiras (uma para o João e outra para a Rose) e foram anotados o peso, a altura e várias outras medidas.

Em meio a tanta movimentação, fiquei apavorado quando notei que ele não abria os olhos. E a cabeça, como era inchada! A pele, arroxeada! Será que ele tinha algum problema? Algum defeito? Será que ele era perfeito? Para meu alívio, o médico disse que era assim mesmo e em poucas semanas tanto a pele atingiria a pigmentação mais clarinha quanto a cabeça ficaria com o formato normal.

Estando o recém-nascido em boas condições, os médicos aconselham que ele dê sua primeira mamada e com isso também estabeleça uma ligação inicial ainda mais forte com a mamãe. Se, no entanto, o neonatologista identificar algum problema, o bebê é encaminhado a uma sala de reanimação para que possa receber os cuidados necessários. Felizmente todo o parto do João andou bem...

Checagem finalizada? Não. Havia ainda muito que avaliar. Depois da bateria inicial de exames básicos, ele foi para o berçário, onde foram realizados exames mais detalhados. As primeiras horas são de observação. É uma fase de transição do mundo interior, de dentro da barriga da mamãe, para o exterior, e logicamente o choque não é pequeno.

Após o nascimento, sei que muitos pais correm para dar a notícia à torcida lá fora. Eu fiquei com a Rose. É uma injustiça com a mamãe deixá-la sozinha. Além de transmitir carinho e segurança a ela durante o parto, penso que o pai deve sempre estar do lado da sua parceira de viagem e nunca abandonar o barco. Esperei a cirurgia terminar e deixei a festa para depois. E ela realmente foi grande. Jamais vou esquecer a emoção que tive, ainda com minha roupa cirúrgica, ao levantar o João, como um troféu, mostrando-o a todos que se espremiam diante da "vitrine" do berçário.

Nesses primeiros momentos do João, como todo bebê, ele passou por um exame muito importante para determinar suas condições: o famoso teste de Apgar, que inclusive faz parte do documento legal de nascimento (Declaração de Nascido Vivo). Nesse exame avaliam-se basicamente os batimentos cardíacos, a cor da pele, a respiração, as contrações musculares e a reação do recém-nascido a estímulos. Dá-se uma nota de zero a dez, atribuindo, no máximo, dois pontos para cada item. A avaliação é feita no primeiro e no quinto minuto de vida.

Já o teste do pezinho é feito dois dias depois, após deixar a maternidade, quando o bebê já estiver sendo amamentado normalmente. É um entre vários testes realizados e consiste num exame de sangue colhido por meio de uma simples picada no calcanhar do recém-nascido: são apenas algumas gotas de sangue. O objetivo é identificar a existência de duas doenças que, se não forem diagnosticadas e tratadas a tempo, podem comprometer o desenvolvimento da criança. No entanto, aprendi que esse teste não detecta, como muitos pais acreditam, se a criança é portadora da síndrome de Down. Tenha em mente que em 99% dos casos não há razão para grandes preocupações.

A tendência das pessoas é sempre querer a perfeição. Será que eu também exigiria do meu filho uma conduta impecável? Exigiria dele a perfeição? Felizmente, aquele pequeno é que me fez mudar. Diante da grandeza de Deus, expressa na simplicidade da vida, a cada dia fui tendo mais certeza de que devemos encarar o crescimento e o desenvolvimento dos nossos filhos sem grandes cobranças.

A própria natureza, por meio dos nossos filhos, faz com que tenhamos uma relação de aprendizado mútuo. A natureza é sábia, e desde o começo nos ensina que o mais importante é transmitir-lhes amor, compreensão, incentivá-los e orientá-los a dar o primeiro passo, a dizer as primeiras palavras e a ter o prazer de encontrar seus próprios caminhos. E ao mesmo tempo a paternidade faz de nós pessoas mais humildes, menos críticas e cientes de que o papel de cada um nesse mundo não está em quanto cada um faz, mas sim em como cada um faz.

1º mês,

Tem gente nova no pedaço: seu filho e... você!

É isso mesmo. Deu o maior branco. Ao chegar em casa com nosso filho, sentimos um imenso vazio. De repente estávamos sós. Sem enfermeira. Sem médico. Sem pediatra. Sem neonatologista. Sem os pais. Sem os amigos. Sem ninguém. Em poucas palavras, nós nos sentimos como autênticos "sem-chão".

Foi nessa hora que sentimos que o filho era mesmo nosso. Diante da gente um mundo de dúvidas. Havíamos ganho um filho, mas descobrimos que ele vinha sem manual de instruções ou guia de instalação rápida. E nas nossas mãos TODA A RESPONSABILIDADE. Felizmente a Rose não teve crises de choro nem a insegurança que aflige muitas mães, ou o que os médicos chamam de depressão pós-parto. Mas sufoco nós passamos. Mal entramos em

casa e lá veio um bando de dúvidas ba-
ter à nossa porta.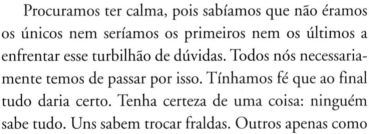

- E agora? Será que daremos conta?
- Quando é hora de mamar?
- Quando é hora de dar banho?
- E se ele chorar? E se ele não chorar?
- E se ele dormir demais? E se ele não dormir?
- Como limpar este tal de coto umbilical?
- Como faço para trocar as fraldas?

Procuramos ter calma, pois sabíamos que não éramos
os únicos nem seríamos os primeiros nem os últimos a
enfrentar esse turbilhão de dúvidas. Todos nós necessariamente temos de passar por isso. Tínhamos fé que ao final
tudo daria certo. Tenha certeza de uma coisa: ninguém
sabe tudo. Uns sabem trocar fraldas. Outros apenas como

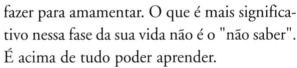 fazer para amamentar. O que é mais significa-
tivo nessa fase da sua vida não é o "não saber".
É acima de tudo poder aprender.

Estávamos convencidos de que se a primeira etapa dessa viagem durara cerca de nove
meses e já fora emocionante, a partir daquele momento é
que nossa vida ia esquentar.

Ao chegar em casa, após aquele pânico inicial, acomodamos o João no quarto dele. Foi uma boa idéia colocá-lo no berço para que ele pudesse imediatamente começar a tomar contato com o seu novo espaço.

Como o recém-nascido é muito sensível a barulhos, cheiros fortes e luminosidade intensa, procuramos sempre fechar a janela e evitamos luzes diretas sobre ele.

Ao chegar em casa, a Rose estava tão exausta que mal teve forças para colocar o João no colo para mamar. Assim, eu a ajudei a encaixar o bico da mama na boca do João. Em poucos minutos ela dormiu, e eu fiquei ali, com o meu filho literalmente nas minhas mãos. Quanto tempo eu não sonhara com aquilo! No início senti medo, mas lembrei como minha irmã cuidava dos meus sobrinhos e acabei me ajeitando. Fiz com que ele arrotasse e levei-o para outro recinto. Nada mais justo do que deixar a mamãe descansar.

Nos primeiros trinta dias vi meu filho, como todos os bebês, travar uma verdadeira batalha de adaptação ao mundo exterior. O pediatra explicava: tanto o sistema nervoso quanto o organismo vão se ajustando: sono, digestão, regurgitação, vômitos... É impressionante como o João mudava dia a dia. Mesmo vendo-o vinte e quatro horas por dia, notávamos a diferença.

Com um mês, embora sem muita coordenação, ele já mexia a cabeça e estendia os braços. Curioso, quando de bruços o João erguia a cabeça e, por alguns segundos, rastreava tudo ao seu redor. Ouvia melhor do que via. No entanto, seu campo visual ainda era pequeno: enxergava pouco mais do que um palmo (meu) de distância. Ficava atento aos sons emitidos ao seu redor e, se fosse um barulho estridente, reagia, chorando. Às vezes, sem nenhuma razão, dava um tranco, como se tivesse tomado um susto. No começo ficávamos assustados, mas aprendemos que isso era comum nas primeiras semanas. Da mesma forma, ele sorria a todo instante. Mas logo aprendemos que ele, na verdade, não estava sorrindo para nós. Essa é uma reação natural nos primeiros meses de vida. Nessa fase o João dormia muito e só acordava para mamar. O pediatra recomendou que o colocássemos para dormir de lado (decúbito lateral).

Com o João em casa, nós, marinheiros de primeira viagem, nos deparamos com a primeira dificuldade séria: o coto umbilical. Este é um suvenir da gestação que vem junto para casa. Quando ouvi essa palavra pela primeira vez, fiquei arrepiado. Ao ver o que era, mais ainda. É o cordão que une a mãe ao bebê durante a gravidez: ele vem junto na hora do parto. Se antes ele servia para alimentar meu filho, ao chegar em casa ele alimentava minhas aflições.

Enquanto meu filho estava na maternidade, tinha gente para cuidar do coto. Até aí tudo bem. Mas de repente eu e a Rose chegamos em casa e era hora de higienizar o bebê. E agora?

O que fazer? Como limpá-lo?

A careta é inevitável. Tocar e limpar aquela coisa, no entanto, é muito simples. Antes de mais nada, lave as mãos. Por falar nisso, ao pensar em tocar no seu filho, lave imediatamente as mãos. Caso contrário, elas vão se transformar em autênticos transmissores de visitantes indesejáveis para o indefeso bebê. O coto precisa ser higienizado não só após cada banho como também em cada troca de fraldas. Para limpá-lo tampouco é preciso um grande aparato: basta usar hastes de algodão e álcool a 70%. E nem sequer é preciso cobri-lo com curativos. Não fique apavorado com pequenos sangramentos. Quando você menos espera, ele vai cair sozinho. No entanto, caso haja alguma secreção ou se a região do coto estiver vermelha, é bom avisar o médico. Mesmo após a queda, continue, por mais alguns dias, limpando a base do coto com álcool. Não tem mistério nenhum. Você aprende rapidinho.

Diante de tantas novidades, relaxe. O mais importante de tudo é o amor que você transmite para o seu filho. Não queira que ele siga rigorosamente um padrão. Cada bebê é diferente dos demais, tem seu ritmo e vai se adaptando rapidamente ao mundo exterior.

Passei a encarar tudo como aprendizado. Todas as dúvidas que surgiram fizeram com que eu amadurecesse. A cada dia ficava impressionado não só com a mudança do meu filho mas com a minha também. O meu filho nasceu, mas eu é que a cada dia me superei e vivenciei uma experiência nova.

A paternidade tem me transformado bastante. É incrível como ela nos faz sentir que uma vida está nas nossas mãos e como isso faz com que adquiramos mais responsabilidade e autoconfiança. Os amigos que ficaram sem me ver por algum tempo notaram que eu era uma nova pessoa.

2º mês,

Acima de tudo, amigos do peito

A mira foi perfeita. A precisão foi milimétrica! O João regurgitou não apenas no meu rosto mas no meu pescoço, na minha gravata, no meu terno. Meu filho estava no seu segundo mês de vida. Pronto para aprender um monte de coisas. E eu também. Eu só não estava pronto era para seguir para a reunião que teria naquele dia com um novo parceiro de negócios. O cheiro, as manchas... Aquilo fora um autêntico ataque em massa. Na verdade, "em líquido".

Em pouco tempo já tinha virado *expert* em fazer o João arrotar, mas confesso que no começo eu e a Rose nos deparamos com inúmeras dúvidas com relação ao aleitamento, um dos pontos mais importantes nos primeiros seis meses de vida do nosso filho.

- Quantas vezes ele devia mamar por dia?
- Quando podíamos saber se ele queria mamar?
- E quando ele não quisesse mais?
- E se ele regurgitasse? E se ele vomitasse?
- E se ele não arrotasse?

As quatro primeiras semanas, como pude vivenciar, foram de pura adaptação do João ao mundo aqui de fora. E nossa também. No caso do aleitamento, acabamos por aprender que o comportamento do bebê é imprevisível. Assim, o número de mamadas por dia e a distância entre elas podem variar muito. Aos poucos o João ia encontrando seu ritmo. Mas para quem está totalmente perdido nesses primeiros meses, posso dar uma dica: normalmente o bebê é amamentado entre oito e doze vezes por dia. Se ele for dorminhoco, acorde-o a cada três horas. Uma boa dica para despertá-lo é trocar a roupa dele.

O aleitamento materno garante um cardápio rico e variado: vitamina C, lisozima, lactoferrina e... um monte de coisa que não é encontrada no leite da vaca e faz uma diferença enorme para o bebê.

Desde o período da gravidez, já sabíamos que o aleitamento materno, ou amamentação, era um dos pontos básicos para o desenvolvimento saudável de uma criança. Salvo em alguns casos, como a dificuldade de produzir leite – e sempre agindo sob orientação médica –, o aleitamento deve ser materno. Por isso, apesar de a Rose ter tido sérios problemas de produção de leite, sempre fizemos de tudo para que o João se alimentasse de leite natural. No momento certo, o pediatra nos indicou o tipo de leite que mais se adequava ao João.

Ainda na gravidez é importante que a mamãe prepare os mamilos para o período de aleitamento. Nessa época, o obstetra pode ensinar alguns exercícios para a futura mamãe não ter dificuldade em amamentar.

Quanto à melhor posição para amamentar, certamente o instinto materno vai fazer com que a mãe não tenha dificuldade em descobrir o que fazer: basta procurar um local calmo, sentando-se de preferência em uma poltrona na qual seja possível apoiar o braço que vai segurar o bebê. A melhor forma de segurá-lo é firmar uma mão nas costas dele, colocando-o de frente para o peito e mantendo o corpo e a cabeça alinhados. É importante, porém, a cabeça estar um pouco mais elevada que o corpo para evitar complicações como engasgo ou infecções de ouvido. Quanto à outra mão, deve ser colocada no seio, posicionando-se o polegar num local logo acima do mamilo e os outros dedos na parte de baixo, formando assim um "C".

Descobrimos um produto muito prático: um travesseirão longo e curvo que, colocado embaixo da criança, permite que a mãe amamente sentada, proporcionando muito mais conforto tanto para a mamãe como para o bebê.

Caso seu filho durma enquanto a mamãe o estiver amamentando, você pode fazer duas coisas: passar levemente a mão nas bochechas ou mexer nos pezinhos, que ele volta a sugar. Quanto mais a aréola estiver dentro da boca do bebê, menos ar ele vai sugar. Isso reduz a incidência e a intensidade de cólicas e diminui a regurgitação.

Após a mamada, é sempre bom fazê-lo arrotar, ainda que às vezes ele não tenha sugado ar e não tenha o que arrotar. Sempre que possível, procuro dividir um pouco as tarefas com a Rose. Vai aqui a dica de um grão-mestre em fazer criança arrotar: coloque o bebê na posição vertical, segurando-o firmemente contra o seu peito, e dê alguns tapinhas de leve nas costas dele. Importante: mantenha um pano abaixo da boca para que ele não suje a roupa ao arrotar e eventualmente regurgitar. Ou procure forrar-se de todos os jeitos para evitar levar um banho inesperado.

Como me acho bem didático e gosto de fazer acrósticos, consegui montar um que reúne as cinco razões básicas para o aleitamento materno. Para facilitar a memorização aqui vão elas:

L*igação mais forte com a mãe,*

E*conomia, pois este leite é gratuito,*

I*munização contra muitas alergias e doenças,*

T*empo mais livre, pois é mais prático,*

E*xclusivo, na alimentação dos primeiros seis meses.*

A amamentação é uma das maiores marcas da dedicação que o casal pode dar ao filho. E se a produção de leite for baixa, não desanimem. Tentem, o máximo que vocês puderem.

Ao ver meu filho mamar nos braços da mamãe e, depois, ao tê-lo nas minhas mãos, um sentimento cada vez maior de amizade foi crescendo dentro de mim. Ajudei bastante nessas horas, fazendo carinho na mamãe, ajudando a colocar o bebê na posição de mamar e fazendo-o arrotar. Foi uma oportunidade para que nossos vínculos aumentassem. Certamente começamos a plantar o futuro do nosso filho, garantindo um crescimento mais sadio, mais imune a alergias e a inúmeras doenças. Foi uma atitude de grandes amigos do peito.

3º mês,

Banho:
é hora de lavar a sua alma

Por volta do terceiro mês, percebi que meu filho ia ficando cada vez mais sensível aos ruídos. Sabia que, a essa altura, certamente o show ao redor dele ficava mais bonito, pois ele já conseguia enxergar em cores. Lá pelo final do mês ele acabou descobrindo que tinha mãos. E aí ninguém mais podia segurá-lo. O João agarrava tudo que estivesse por perto. E para arrancar da mão dele não era fácil, tamanha a força que ele fazia. A Rose comprou então um chocalho, que foi o seu primeiro brinquedo: no berço, nos passeios, no banho...

Por falar nisso, foi nos banhos do João que tivemos uma das mais gostosas sensações no convívio com o nosso filho. Fora a experiência inicial do coto umbilical, os ba-

23

nhos eram cercados de expectativa. Era um momento de festa para ele.

Nós, aflitos de carteirinha, ficamos preocupados que ele engolisse água ou mesmo que se afogasse! Hoje digo que dar banho não é um bicho-de-sete-cabeças. Não se preocupe com técnicas e horários, pois até os mais desajeitados acabam se acertando e encontrando a sua técnica de dar banho... antes e depois da queda do coto. Não é preciso nenhum curso. Faça à sua maneira e sem atrapalhar a sua rotina. Escolha um local (não necessariamente no banheiro) que não tenha correntes de ar. Certifique-se da qualidade da água; na dúvida, é aconselhável fervê-la. Cheque a 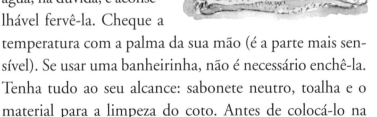 temperatura com a palma da sua mão (é a parte mais sensível). Se usar uma banheirinha, não é necessário enchê-la. Tenha tudo ao seu alcance: sabonete neutro, toalha e o material para a limpeza do coto. Antes de colocá-lo na água, limpe o bumbum e o rostinho dele.

Nunca, em hipótese alguma, deixe seu filho sozinho.

Ponha lentamente seu filho na banheira portátil. A água deve cobrir até a barriguinha. Muitos preferem tomar banho de bruços. Use uma das mãos para segurá-lo (na qual ele apoiará as costas e a cabeça). Com a outra mão, lave-o, começando pelo rosto. O papai e a mamãe também podem dar o banho em conjunto. É um dos momentos mais prazerosos do dia para o bebê. No primeiro banho do João, eu o segurei pelas costas enquanto a Rose o lavou.

Após o banho, enxugue-o bem e, mais uma vez, evite friagens. De banho tomado, mais calmo, ele deverá dormir serenamente.

Fácil, não?!

Com o tempo você fica um craque em dar banhos! E participa de um momento de muita alegria com o seu filho e ajudando a mamãe!

Nós sempre colocamos um CD com uma música suave de fundo. O João logo reconhecia esse momento de descontração, e o banho virava, e até hoje vira, uma festa.

Seja desde cedo o amigão das brincadeiras. Seu filho jamais vai esquecer. Dar banho, como você viu, não tem segredo.

4º mês,

Dor... no coração

Eu sofria por antecipação só de imaginar o João com cólica. Vê-lo aos berros, como se um enorme exército de taturanas tivesse invadido sua barriga, deixava-me em pânico. Quase podia ver seus olhos desesperados suplicando por ajuda, e seus braços, em desespero, dando a impressão de que queriam arrancar aquela dor na marra. Cheguei a estudar bastante, preparando-me para o pior.

O que fazer para aliviar a dor daquele pedacinho de gente? Mas, afinal, que dor poderia ser? Cólica?

O sofrimento dos pais é sempre grande. Maior que o do filho. Descobri na prática que os próprios pais, ao ficar ansiosos, transmitem toda sua tensão para a criança, que sente ainda mais dor.

De fato, os grandes vilões dos primeiros quatro meses ʼ

de vida são as cólicas. Por isso, a partir da terceira semana, prepare-se: você corre o risco de assistir a sessões noturnas quase diárias de filme de terror, sem promoção nas quartas-feiras. Mas, a essa altura, outras coisas vão fazer você ficar mais feliz com o desenvolvimento do seu filho: ele já pode reconhecer a voz da mãe e até a do papai, e olha feio para gente estranha. Eu, desde cedo, assobiava ao entrar no quarto dele. Isso virou uma referência à minha chegada. Era só assobiar e o João virava a cabeça e arregalava aqueles olhos azuis. Com o tempo, começou a sorrir, já sabendo de antemão que era o papai que estava chegando.

Nessa época o João já se movimentava muito mais, levantava a cabeça com firmeza, ria com gosto e chiava quando não tinha companhia. Ele se virava com facilidade e ficava ali, observando tudo com aqueles olhos azuis.

A questão dos olhos azuis é interessante. O pediatra esclareceu que só teríamos certeza de que o João realmente teria olhos azuis a partir do sexto mês. Tivemos de esperar mais um pouquinho para ter certeza de que aquelas duas contas continuariam tão luminosas como eram naquele momento.

Mas, voltando às dores, sempre que tinha dúvida ligava para o pediatra. A gente já quase sabia a resposta, e na maioria das vezes era o que os pediatras sempre dizem: é assim mesmo!

Mas caso aconteça uma cólica o que fazer para aliviar a dor?

A primeira providência para abafar esse clima catastrófico é apagar a luz, ou deixar um foco bem fraquinho, que nunca vá direto no rostinho dele. Depois recomendo colocar uma música suave. Eu me transformei em um autêntico DJ. Na parada de sucessos, músicas clássicas, músicas de ninar que ajudavam a acalmá-lo. Nada de *heavy metal*...

Pegava o João no colo, colocava-o de bruços sobre a minha mão e delicadamente massageava a barriguinha dele. Nos dias em que a dor custava a passar, eu me deitava na cama e colocava-o de bruços sobre minha barriga. O contato com meu corpo (ou com o corpo da mãe) fazia com que ele ficasse mais tranqüilo e com que a dor fosse diminuindo.

Vai aqui um conselho de um pai de primeira viagem: nunca transmita aflição e tensão para o bebê, pois o quadro só tenderá a piorar.

Uma coisa importante que pode estar causando dores ao seu filho é a alimentação da mamãe. Com a amamentação, há determinadas substâncias que são absorvidas pelo organismo da mãe e que passam para o filho através do leite, provocando cólicas. Converse com o pediatra, veja qual a melhor alimentação para a mamãe e garanta dias de tranqüilidade!

Ao ajudar o João a superar aqueles momentos de dor e inquietação, aprendi muito. Fui adquirindo serenidade, aprendi a conter minha ansiedade e fui vendo que tinha de estar ao lado do meu filho sempre, para o que desse e viesse. Ele, tão pequeno, sem perceber estava me transmitindo mais uma lição. Nos momentos de dificuldade, não adianta ficar ainda mais nervoso. Tensão atrai tensão. Paz atrai paz. Bendito João.

5º mês,

Fraldas: a ordem é colocar tudo a limpo

"**A**gora, troca o João!"

Essa pequena frase soou como um grande e temerário decreto. Foi sob a pressão desse pedido inesperado do pediatra que entrei em pânico. Sem a Rose por perto, sem minha mãe, sem minha irmã... eu teria de fazer sozinho aquele *procedimento* que eu tanto temia.

Até então, eu aprendera a segurá-lo, a dar mamadeira, a fazê-lo arrotar, mas trocar fralda, nem pensar! Naquele dia eu fora sozinho com o João até o pediatra. E para meu desespero o médico também não sabia trocar fralda! Ou será que ele estava apenas me testando?

No começo o intestino do João funcionava a cada mamada. Aliás, nos primeiros dias as fezes eram tão escuras que às vezes até assustavam. Com o tempo o intestino vai se regulando e passa a funcionar geralmente apenas uma vez por dia. Mas, justo quando eu saíra com ele sozinho, tirei a sorte grande, coisa de marinheiro de primeira viagem. Aquela situação não estava cheirando nada bem e não deu outra: cocô à vista!

Precisava de socorro. Saí em busca de ajuda. A recepção estava vazia: nem secretária, nem paciente... Era a última consulta do dia. Eu estava só. Eu, o João e o cocô dele.

O pediatra assistia ali à minha aflição. Senti-me ao vivo em rede nacional de televisão, com uma dura missão: limpar meu filho e trocar sua fralda. Não seria uma pegadinha do *Telegrama Legal*?

Hesitei por alguns instantes. O João, ali, curioso, sempre observando tudo ao seu redor, querendo aprender algo. Àquela altura, ele saracoteava que dava até medo. Olhava para um lado, para o outro. Adorava ver-se no espelho. Já distinguia uma voz nervosa de uma fala mais serena. Ao me ouvir falar com ele, sorria. Tudo que estava ao seu alcance ia direto para a sua boca para levar uma bela mordida ou uma melada lambida.

Como trocar, então, a fralda do João?

Eu, bombardeado diariamente por uma bateria de recomendações, agora tinha pela frente uma simples e ao mesmo tempo dramática questão. "Cocô e urina podem trazer assadura." "O bebê deve ficar sempre seco."

É, não podia deixar meu filho na mão. Não era uma questão de frescura, que a maioria dos papais enfrenta. Como não era possível dar um banho lá no consultório, tive de improvisar um trocador no sofá. Abri a fralda e, meu Deus, não deu outra: pintou a maior sujeira. E aquele dia o João caprichou. Até ali eu só entregava o pacote de fraldas para a Rose e, depois, isso já com algum sofrimento, leva- va a coisa e jogava-a no lixo.

O João, por sinal, não estava nem aí. Lembrei da forma como a Rose fazia, que eu acompanhava, sempre a distância: primeiro, tirei a fralda suja e, depois, passei o lenço ume- decido de cima para baixo no bumbum dele.

O doutor então interveio, mas para dar um conselho: disse que é sempre bom que a criança fique muito tempo em casa pelada, pois com isso evita assaduras. E um ba- nho de sol todo dia, em torno de cinco minutos, também fazia muito bem, pois toda criança precisa de muita vita- mina D, e o sol ajuda a absorvê-la. Falou também que eu não devia colocar talco. Em caso de assadura, ele receitaria um simples creme. Ensinamentos, muitos. Mas ajuda, nada.

Continuei minha lição: fechei a fralda, coloquei uma roupinha limpa e... pronto: o João estava novinho em folha!

Voltei para casa radiante. Estava orgulhoso de ter dado conta do recado. Passara pelo teste do cocô. Mais tarde descobriria que colocara a parte de trás da fralda na frente, e o coitadinho parecia que tinha sentado numa cadeira ao contrário, ou seja, de frente para o encosto! Felizmente, o João é boa-praça e não reclamou.

A experiência de trocar a fralda do meu filho era mais uma lição que aprendera. Não que a partir daí eu passasse a adorar trocar fraldas. Certamente, não. Mas eu podia sentir a cada dia como a paternidade me fizera mudar, amadurecer mais um pouco. Isso aconteceria várias vezes no relacionamento com o João. Apesar de já ter colecionado grandes conquistas, aquela simples troca de fralda me deu uma sensação de realização. Um sentimento forte de ter superado um obstáculo e ter conseguido ajudar meu filho. Muitas vezes, são as pequeninas coisas que nos fazem grandes, que nos fazem passar nossa vida a limpo, vivendo-a com plenitude.

6º mês,

Eu tenho a força!

No sexto mês, o pediatra indicou um novo "prato" no cardápio do bebê: frutas e sucos. É por sinal um prato cheio para o papai envolver-se ainda mais com o filho. Os pais não devem, no entanto, deixar a amamentação, que segue como o principal alimento da criança.

O João tomava um suco entre uma e outra mamada e dávamos fruta raspada com uma colherinha uma vez por dia, no meio da tarde. Algumas semanas depois, o pediatra certamente vai deixar você sofisticar ainda mais o cardápio do seu filho: será tempo de começar a dar as papinhas salgadas, uma vez por dia.

Não só por causa desse novo cardápio, o sexto mês é um dos marcos

na vida da criança. É nessa fase que ela de-
monstra um grande desenvolvimento em
todos os aspectos.

De fato, muito mais ligado no mundo, o João tentava descobrir de onde vinham os sons. E de tanto ouvir os
pais ele começava a emitir os seus próprios sons: dá-dá,
pá-pá, mã-mã... Mas não exageramos no "corujismo": ele
ainda não tinha consciência dos sons que pronunciava –
isso foi o pediatra que nos disse! Mas o
danadinho já entendia algumas situações.

Ao ver a mamãe com a mamadeira, sabia
que era hora de comer. Também percebia quando ia
tomar banho e ficava feliz da vida.

Nessa época, a coordenação motora do João desen-
volveu-se bastante. Ele já esticava os braços pedindo colo
e podia até segurar a mamadeira de suco. Tentava ficar
sentado, ia para a frente e agarrava tudo com uma força
descomunal!

Com meio ano, meu filho já estava sentando sozinho
e tinha grande habilidade com os dedos: já pegava os
objetos com mais firmeza. E levava tudo à
boca: mordia, lambia, chupava... Por isso,
redobramos os cuidados com objetos que

ficavam ao alcance dele: nada de brinquedos com partes salientes ou muito pequenos, que podiam ser engolidos facilmente e poderiam sufocá-lo.

Fui eu que dei a primeira refeição sólida do João: pêra. Eu gostei tanto da experiência que fazia questão de dar maçã raspada para ele sempre que podia. Foi uma experiência de arrepiar. Raspar aquela fatiazinha de fruta e dá-la de colherinha na boca do meu filho, fazendo aviãozinho. É muito "inho", mas o prazer e o significado que esse ato tem é do tamanho do mundo. Aquilo não apenas faz seu filho crescer. É muito mais do que isso.

Mais uma vez, o que julgo igualmente importante é que, como pai, sentia que estava crescendo. Esse gesto era na verdade um alimento para o meu espírito. Ele fortalecia ainda mais o vínculo entre nós: pai, mãe e filho. Eu, como o João, senti-me mais forte do que nunca, vendo a minha capacidade em criar um ser humano e contribuir para o seu crescimento em todos os sentidos.

7º mês,

Dando tempo ao tempo

Certo dia, quando o João tinha sete meses, deitei-me ao lado dele para fazê-lo dormir. Não havia jeito de ele dormir. Seus bracinhos não paravam de se mexer, como se ele quisesse pegar algo no ar. Os dentinhos já apontavam em sua gengiva. E com isso, como ele babava! As gengivas coçavam, e isso o deixava muito agitado. Os minutos iam passando, e nada de o João dormir. Aqueles olhos azuis me fitavam sem parar. O tempo passava. E nada de o João dormir. Suas perninhas também pedalavam no ar. E nada de o João dormir. Os olhos do João... Mas ele não parava... de me olhar. O tempo passava... Os olhos... do João... E nada... de dormir... Os olhos... não piscavam. O tempo... escu... receu... dormi... E o João?

Será que meu filho dormiu também? Será que era difícil fazer uma criança dormir?

Até que eu não tinha o que reclamar do João. Mas de vez em quando ele dava espetáculo. Afinal, ele é um artista: está sempre elétrico, alegre, sorridente, fazendo caretas, interpretando algum papel. No começo eu ficava preocupado. Pegava meu filho no colo e procurava acalmá-lo. Colocava uma música suave e ficava cantando baixinho, passando a mão na sua cabeça, massageando sua barriga, bem de leve. Aqueles olhos azuis me hipnotizavam, e não raro eu dormia também. Com o tempo ele foi encontrando o ritmo dele. Com o tempo.

É, o tempo... É incrível como a gente vive sempre com pressa, a mil por hora. Nunca temos tempo para nada. Os compromissos, a responsabilidade que temos, as gravações, os programas, as viagens, os comerciais, o CD, o novo produto, o jantar, o almoço de negócios, a entrevista, a reportagem, a reunião de pauta, informação... Ufa, quanta coisa! Quase perdemos o fôlego. Mas o nascimento do João fez com que eu começasse a ver o tempo de uma outra forma. Ao fazê-lo dormir, eu desacelerava, de verdade. Acho que colocava um freio no ritmo alucinado em que vivia, e ao som de músicas suaves comecei a encarar o tempo como uma questão de prioridade. E meu filho passou a ser minha prioridade. Com ele aprendi a "respirar" cada segundo, aprendi a viver mais profundamente o presente, para que aquelas lembranças ficassem para sempre dentro de mim.

Os olhos do João pareciam me hipnotizar, dizendo para que eu vivesse aquele momento. E foi isso que fiz: vivi cada momento junto dele intensamente, e aproveitei – e aproveito! – cada segundo em que estou com ele. Perco então a pressa e fico namorando aquele menino, rindo com ele, cantando, brincando, ensinando e aprendendo.

Em uma das vezes em que fui fazer o João dormir – e em que dormi também – tive uma grande surpresa: acordei babado. Ao meu lado, o João deu um suspiro profundo, gostoso, molhado, mas continuou a dormir serenamente. A minha camisa estava mesmo molhada. Na verdade, quem tinha babado era... eu!

8º mês,

Olha a brincadeira!

Ursinho de pelúcia com olhos que emitem sons engraçados, boneco articulado e multicolorido do príncipe do conto de fadas, móbile das borboletas cujas asas, ao balançar, tocam música, chocalho multitarefa com catorze funções que desenvolvem a coordenação motora da criança, bola de pano com desenhos diver... Brinquedos e mais brinquedos. O João ganhou quilos de presentes, entre roupas e brinquedos.

No oitavo mês, ele brincava sem parar. Pudera, meu filho descobrira o poder que tinha nas mãos, pois já possuía a habilidade de pegar com força e manusear os objetos. Tinha o poder da boca, de morder e de lamber... Tinha o poder dos olhos,

de ver tudo em cores. Tinha o poder da audição, e prestava atenção em sons e na fala da mamãe e do papai. Já sabia até que se chamava... João! E tinha o poder do corpo: ainda não andava nem mesmo engatinhava, mas já começava a perceber que podia se arrastar pela casa. Ora ele se arrastava de costas, ora se arrastava de bruços. Era preciso estar sempre atento! Ficava encantado com suas descobertas. E o brinquedo era sem dúvida um dos responsáveis por todo esse desenvolvimento.

Brincar com ou sem brinquedo faz parte da formação da criança e deve ser estimulado. Brinque sempre com seu filho e deixe-o explorar o brinquedo, sem querer ensiná-lo demais. Desde cedo devemos mostrar onde estão os caminhos, mas deixar que os filhos aprendam a escolher os que eles vão seguir.

Em meio às brincadeiras, pude descobrir uma coisa fantástica com o João. No início ele adorava brincar de se esconder atrás da fralda ou do "cheirinho". Depois foram as tampas de panela. Meses mais tarde fui surpreendido ao encontrá-lo a bordo de um possante... aspirador de pó! Isso mesmo. O brinquedo de que ele mais gostava era um aspirador de pó.

Com o tempo, ao notar que ele prestava atenção aos sons que os outros faziam, começamos a brincar de tossir. Aí ele virou um artista, imitando todos os tipos de tosse. E divertia-se com sua *performance*. E quando eu tossia, o João ria mais ainda.

Assim, ele foi se sentindo um comandante que passara a pilotar a minha vida, dando uma lição de simplicidade às coisas. Aprendi com meu "mestre" que não precisamos de coisas sofisticadas e grandes aparatos para brincar e... ser feliz.

9º mês,

A grande virada: tchau, tchau!

De repente, ele se levanta. Cai, sentado. Levanta, ri e bate palminha. Cai, sentado. Levanta, dá um tchauzinho. Cai, sentado. Levanta e olha para você, interessado no que você acabou de dizer. Cai, sentado. Agarra um brinquedo como se fosse uma pinça, levanta e procura o papai, que está escondido atrás da almofada. Achou! E cai, sentado.

No nono mês o João mostrava que estava ensaiando seus vôos "solo", suas escapadinhas pela casa. Fez seus primeiros "passeios" em direção a tudo o que estava por perto. De tanto não conseguir andar e cair sentado, ele se inclinava para a frente, colocava as mãos no chão e ficava no ponto de engatinhar. Mas, no caso do João, acho que ele não se encantou muito com essa forma de locomoção: não engatinhou de maneira alguma. No máximo se arrastava pelo chão. Se houvesse um sofá ou uma cadeira por perto, o João se agarrava, levantava e ficava em pé, cheio de graça, orgulhoso de mais uma conquista.

Com as mãos, já era um hábil manipulador. Segurava a mamadeira numa boa, assim como o biscoitinho, que comia sem deixar cair uma migalha. Ele realmente já estava se virando, em todos os sentidos.

Cada vez mais atento e ligado, o João emitia alguns sons e adorava escutá-los. Em breve iria dizer suas primeiras palavras. Sentia-se muito mais integrado em casa e adorava companhia, mas morria de vergonha de pessoas estranhas, escondendo-se atrás das mãos ou enfiando a cabeça no nosso colo.

Nessa idade suas "travessuras" eram tantas que à noite, exausto, ele dormia profundamente. Era nessas horas que eu ficava olhando aquele anjinho de cabelos louros já bem compridos, quietinho no berço, sonhando. Ficava preocupado com o desenvolvimento dele, andar, falar, compreender... Será que ele era normal?

Por tudo que enfrentei na vida, por todos os obstáculos que tive de superar para chegar aonde estou hoje, ficava preocupado com o João. Deveria poupá-lo de tantos problemas? Deveria forçá-lo a aprender a se virar?...

Não, a natureza é sábia e lá estava ele mostrando novas e novas conquistas. Não adianta sofrer, querer forçar o rumo dos acontecimentos. Cada criança tem seu momento, umas desenvolvem determinadas habilidades mais cedo que outras. Temos de estar atentos e estimulá-las. Mas nunca forçar nenhuma natureza, pois tudo tem seu tempo, e quando menos esperamos eles... e nós... damos uma grande virada.

10º mês,

As semelhanças: tal pai, tal filho

O nariz, no começo, era de um filhote de tamanduá. Os olhos, quando ousaram abrir só um pouquinho, pareciam azuis. O rosto não tinha nada a ver com o meu. As mãos, as pernas, era tudo tão esquisito... Nada, nenhum indício de que ele teria algum sinal que identificasse o pai Gugu.

Afinal, será que meu filho puxaria por alguma coisa minha?

Com o tempo as feições foram mudando. O nariz foi perdendo toda aquela forma de batata, foi afinando e ganhando na sua pontinha, meio arrebitada, quase uma bolinha. O olhar foi ficando suspeito, bem parecido com o de uma criança conhecida. Os olhos eram um pouquinho puxados, terminando com uma quedinha inconfundível. Com dez meses não tive dúvida e gritei:

– Meu filho é a minha cara! Ele é igualzinho a mim quando eu era criança! Nossa, como meu filho puxou a mim! Meu filho é parecido comigo!

 E não é que o João realmente tinha muitos traços meus? Mas essa semelhança não era restrita apenas ao plano físico. Os trejeitos também eram suspeitos. O dedo fura-bolo apontava para uma coisa. E outra. E mais outra. O João queria ver e conhecer tudo. A expressão atenta estampada no rosto, a curiosidade viva nos seus olhos, seu espírito alegre, brincalhão, arteiro, e nessa idade ele já sabia quando lhe chamavam a atenção ao fazer alguma bobagem.

É assim que eu sou! Ou era assim que eu era?

Mas, afinal, será que é certo desejar que nossos filhos sejam exatamente como nós? Será que devemos exigir deles o melhor? O máximo?

Não!

Meu filho puxou a mim em muitas coisas, mas ele também me fez mudar, ele me fez resgatar valores antigos, me fez renascer, me fez encontrar a plenitude da vida, a plenitude do amor. Apesar da luta do dia-a-dia, da necessidade de sobrevivência, a paternidade nos faz amadurecer e ver a vida com outros olhos. Olhos azuis...

Sei que essa fase da infância do meu filho logo acaba, mas vivê-la intensamente me fez abrir novos caminhos para minha vida, me fez nascer de novo e descobrir que o mais importante não são os caminhos que segui, o jeito que sou, quais são as minhas preferências. O que mais importa é que em cada gesto, em cada palavra, em cada passo, em cada atitude, agi sempre com amor. Descobri, mais do que nunca, que somos instrumentos de Deus e que estamos aqui não para viver em função do sucesso, mas sim para transmitir amor a cada segundo. É isso que nos faz únicos, é isso, e somente isso, que deixamos aqui na Terra.

11º mês,

O poder da palavra

– NÃÃÃÃÃO, JOÃO!

Se há um ditado popular que diz que "quem tem boca vai a Roma", no caso do João, se bobear, vai Roma, ou melhor, o cartão-postal de Roma, vai a miniatura da torre Eiffel... vai o mundo inteiro para a boca dele. Não escapa nada. Em casa o que mais se ouve é...

– Nãããããããããão, João!

E eu, que adoro uma arrumação, não raro me via como um guarda-costas dos enfeites de casa. O João achava tudo!

Ele olhava pra gente, sorria e então seguia em frente... se arrastando. E aí era abre-porta, fecha-porta, abre-gaveta, fecha-gaveta, abre-outra-porta, abre-outra-gaveta, fecha-outra-gaveta-porta-gaveta-porta-gaveta-porta-gaveta.

Era assim mesmo! Era incansável. Acho que é mal de filho de jornalista. Como meu filho é curioso! Ele fuça tudo.

– Nãããããããããão, João!

Adianta falar tanto "não" assim? Será que eu teria de fazer um curso para pais para aprender uma outra língua?

Apesar de não ser professor nem pedagogo, nem sequer tenho essa pretensão, há coisas que é impossível deixar passar em branco e que, ao ser pai, percebi o quanto eram importantes. Com onze meses ele já sabia quando estava fazendo algo errado. Quando chamávamos sua atenção, ele já manifestava um humor bem característico dessa fase da vida: detestava ser contrariado.

– Nãããããããããão, João! Ou, ainda: Joãããããããããão, não!

Aprendi que não se tratava de logo reprimi-lo, mas era tempo de começar a ensiná-lo a entender que havia limites. Em vez de dizer "Nãããããããããão, João!", podíamos dizer também: "João, você pode se machucar. Dê uma olhada naquela caixinha, veja o que tem dentro dela".

Sempre procurei, na medida do possível, evitar a palavra "não". Estou convencido de que era preferível orientar meu filho, deixando o caminho livre e não me assustando caso ele caísse, desde que não se machucasse. Ele estava aprendendo a caminhar e a valorizar os conselhos dos pais.

Descobri que meu filho tinha o jeito dele, as vontades dele. E que não adiantava eu querer que ele fosse melhor. Evitei comparações. Deixei-o experimentar. Deixei-o descobrir suas potencialidades. Com maturidade e bom senso soube encontrar o limite que considero correto (mas quem está correto?). É lógico que uma criança não sabe discernir o perigo, e se ela estiver saindo completamente da linha, aí, sim, é preciso agir de forma firme e decidida. Caso contrário, deixe-a à vontade para trilhar o caminho dela. E isso é válido para nós. A convivência com meu filho fez com que eu sentisse muito mais o poder das palavras e visse que é melhor dizer algo que construa e ajude a abrir portas do que algo negativo que somente reprima o caminho das outras pessoas e bloqueie o nosso próprio crescimento. Sentimos com profundidade a força de um elogio e quanto ele pode estimular alguém a fazer uma tarefa com prazer e com êxito.

– Boa, João!

12º mês,

O mundo a seus pés

Meu filho firmou os pezinhos no assoalho, foi levantando devagarinho, olhou para a frente de fininho, balançou a perninha direita e... o João caiu no chão.

Tentou de novo. Como se estivesse fazendo suspense e querendo pregar uma peça nos pais, ele se levantou lentamente, inclinou a cabeça para a frente, balançou o corpo, suas mãos tentaram segurar o ar... Não deu... O João caiu no chão.

O que acontecia com o meu filho que já beirava um ano de idade e nem engatinhava? O que havia de errado?

O João, muito na dele, firmou-se mais uma vez, agora mais rápido, a perna direita balançou um pouco, mas agüentou firme, ele esboçou um sorriso, ensaiou um passo, ia andar, mas... o João caiu no chão.

Insistiu mais uma vez, firmou as pernas gordinhas, cada vez mais ágil ergueu o corpo como se fosse um atleta olímpico levantando uma pesada barra de ferro, ba-lan-çou... ba-lançou... balançou e... andou! O João caiu no mundo e saiu andando por aí!

Ah, a partir daí foi "pernas, pra que te quero". Nós mal conseguimos acompanhar o João: ele abriu a gaveta da cômoda da sala, mas nem olhou o que tinha dentro, até porque havia outra gaveta para abrir, e mais outra, na luminária dourada ele apenas passou a mão, pois não podia parar, foi até a cozinha, orgulhoso de sua conquista, saiu, entrou no corredor, caminhou cada vez mais decidido, agora para o seu quarto. Abriu uma gaveta. Fechou a porta. Voltou. Abriu. Foi. Fechou. Abriu. Fechou. Olhou pra gente, riu, abriu, fechou.

Desde aquele momento o João não parou mais. Ele andava cada vez mais ligeiro e nós, só com os olhos, quase perdíamos o fôlego.

Isso aconteceu lá pelos doze meses, fase em que normalmente uma criança aprende a andar. Muitas começam engatinhando e depois é que ensaiam os primeiros passos. Mas o João começou a encontrar seus caminhos andando mesmo. Só tivemos de proteger tomadas, janelas com telas (redes), sacadas e escadas.

Nós, adultos, aprendemos que a vida vai aos poucos moldando nossa forma de ser. Armadilhas, tropeços e emboscadas que surgem ao longo do nosso caminho criam dentro de nós uma teia de proteção. As conseqüências são terríveis: perdemos o espírito de curiosidade, a capacidade de ousar, de criar. O medo e a insegurança vão nos deixando, muitas vezes, amarrados.

Meu filho, muito mais indefeso do que eu, soltava-se de peito aberto, sem nada temer. Desconhecimento do perigo? Inconseqüência? Inexperiência? Certamente o João teria muito que aprender. Ah, o João caiu no chão!

Mas será que era só o João que teria muito que aprender?

Acho que não. Nos passos de um filho, podemos resgatar muitas idéias antigas e muitos planos que ficaram guardados na cabeça e, por falta de... coragem, correm o risco de jamais ser colocados em prática.

Por que temos medo? Por que não damos continuidade a tantos projetos?

Porque à medida que crescemos vamos nos tornando extremamente críticos e exigentes. Não aceitamos erros nem falhas. Só enxergamos os campeões, os modelos ideais de pessoas vitoriosas. Não enxergamos que essas pessoas certamente têm muitos problemas, já erraram muito, mas seus fracassos, suas angústias, seus problemas não chegam até nós.

Doze meses. Um ano de vida. Do meu filho e da minha paternidade. O João atingia um ano sem traumas, sem problemas. Era uma criança dócil, serena, curiosa e... feliz. Não fazia birra nem era chorão. Sempre fizemos questão que ele levasse uma vida normal.

Ao mesmo tempo eu atingia um ano de paternidade: redescobri e exercitei muito mais minha capacidade de criar. Foi na verdade um renascimento, uma reconquista. Ele, abrindo gavetas, portas e caixinhas, sem medo ia descobrindo o mundo. Eu comecei a querer abrir minhas antigas, e também novas, caixinhas. Sentia como meu filho, que agora já andava: eu tinha o mundo bem mais aos meus pés. Passei a experimentar novas sensações, livrando-me das amarras e chegando à conclusão de que o grande fracasso é na verdade não fazer ou não tentar fazer aquilo que nós sonhamos.